This Book Belongs To

. . . .

Name: _____

Address: _____

_____

Email: _____

Home: _____

Work: _____

Cell: _____ Birthday: _____

Fax: _____ Anniversary: _____

Notes: _____

Name: _____

Address: _____

_____

Email: _____

Home: _____

Work: _____

Cell: _____ Birthday: _____

Fax: _____ Anniversary: _____

Notes: _____

Name:

Address:

Email:

Home:

Work:

Cell: Birthday:

Fax: Anniversary:

Notes:

Name:

Address:

Email:

Home:

Work:

Cell: Birthday:

Fax: Anniversary:

Notes:

Name: _____

Address: _____

_____

Email: _____

Home: _____

Work: _____

Cell: _____ Birthday: _____

Fax: _____ Anniversary: _____

Notes: _____

_____

Name: _____

Address: _____

_____

Email: _____

Home: _____

Work: _____

Cell: _____ Birthday: _____

Fax: _____ Anniversary: _____

Notes: _____

_____

Name:

Address:

Email:

Home:

Work:

Cell: Birthday:

Fax: Anniversary:

Notes:

Name:

Address:

Email:

Home:

Work:

Cell: Birthday:

Fax: Anniversary:

Notes:

Name: _____

Address: _____

_____

Email: _____

Home: _____

Work: _____

Cell: _____ Birthday: _____

Fax: _____ Anniversary: _____

Notes: _____

_____

Name: _____

Address: _____

_____

Email: _____

Home: _____

Work: _____

Cell: _____ Birthday: _____

Fax: _____ Anniversary: _____

Notes: _____

Name:

Address:

Email:

Home:

Work:

Cell: Birthday:

Fax: Anniversary:

Notes:

Name:

Address:

Email:

Home:

Work:

Cell: Birthday:

Fax: Anniversary:

Notes:

Name:

Address:

Email:

Home:

Work:

Cell: Birthday:

Fax: Anniversary:

Notes:

Name:

Address:

Email:

Home:

Work:

Cell: Birthday:

Fax: Anniversary:

Notes:

Name:

Address:

Email:

Home:

Work:

Cell: Birthday:

Fax: Anniversary:

Notes:

Name:

Address:

Email:

Home:

Work:

Cell: Birthday:

Fax: Anniversary:

Notes:

Name:

Address:

Email:

Home:

Work:

Cell: Birthday:

Fax: Anniversary:

Notes:

Name:

Address:

Email:

Home:

Work:

Cell: Birthday:

Fax: Anniversary:

Notes:

Name: _____
Address: _____
_____

Email: _____
Home: _____
Work: _____
Cell: _____ Birthday: _____
Fax: _____ Anniversary: _____
Notes: _____
_____

Name: _____
Address: _____
_____

Email: _____
Home: _____
Work: _____
Cell: _____ Birthday: _____
Fax: _____ Anniversary: _____
Notes: _____
_____

Name: —————————————————————————

Address: ———————————————————————

—————————————————————————————

Email: ——————————————————————————

Home: ——————————————————————————

Work: ——————————————————————————

Cell: ——————————— Birthday: ——————————

Fax: ———————————— Anniversary: ———————

Notes: ——————————————————————————

—————————————————————————————

Name: —————————————————————————

Address: ———————————————————————

—————————————————————————————

Email: ——————————————————————————

Home: ——————————————————————————

Work: ——————————————————————————

Cell: ——————————— Birthday: ——————————

Fax: ———————————— Anniversary: ———————

Notes: ——————————————————————————

—————————————————————————————

Name:

Address:

Email:

Home:

Work:

Cell: Birthday:

Fax: Anniversary:

Notes:

Name:

Address:

Email:

Home:

Work:

Cell: Birthday:

Fax: Anniversary:

Notes:

Name: _____

Address: _____

_____

Email: _____

Home: _____

Work: _____

Cell: _____ Birthday: _____

Fax: _____ Anniversary: _____

Notes: _____

_____

Name: _____

Address: _____

_____

Email: _____

Home: _____

Work: _____

Cell: _____ Birthday: _____

Fax: _____ Anniversary: _____

Notes: _____

_____

Name:

Address:

Email:

Home:

Work:

Cell: Birthday:

Fax: Anniversary:

Notes:

Name:

Address:

Email:

Home:

Work:

Cell: Birthday:

Fax: Anniversary:

Notes:

Name: _____

Address: _____

_____

Email: _____

Home: _____

Work: _____

Cell: _____ Birthday: _____

Fax: _____ Anniversary: _____

Notes: _____

_____

Name: _____

Address: _____

_____

Email: _____

Home: _____

Work: _____

Cell: _____ Birthday: _____

Fax: _____ Anniversary: _____

Notes: _____

_____

Name: _____

Address: _____

_____

Email: _____

Home: _____

Work: _____

Cell: _____ Birthday: _____

Fax: _____ Anniversary: _____

Notes: _____

_____

Name: _____

Address: _____

_____

Email: _____

Home: _____

Work: _____

Cell: _____ Birthday: _____

Fax: _____ Anniversary: _____

Notes: _____

_____

Name: ——————————————————————————

Address: ————————————————————————

——————————————————————————————

Email: ——————————————————————————

Home: ——————————————————————————

Work: ——————————————————————————

Cell: ————————————— Birthday: ———————

Fax: ————————————— Anniversary: ———————

Notes: ——————————————————————————

——————————————————————————————

Name: ——————————————————————————

Address: ————————————————————————

——————————————————————————————

Email: ——————————————————————————

Home: ——————————————————————————

Work: ——————————————————————————

Cell: ————————————— Birthday: ———————

Fax: ————————————— Anniversary: ———————

Notes: ——————————————————————————

——————————————————————————————

Name:

Address:

Email:

Home:

Work:

Cell: Birthday:

Fax: Anniversary:

Notes:

Name:

Address:

Email:

Home:

Work:

Cell: Birthday:

Fax: Anniversary:

Notes:

Name: _____

Address: _____

_____

Email: _____

Home: _____

Work: _____

Cell: _____ Birthday: _____

Fax: _____ Anniversary: _____

Notes: _____

_____

Name: _____

Address: _____

_____

Email: _____

Home: _____

Work: _____

Cell: _____ Birthday: _____

Fax: _____ Anniversary: _____

Notes: _____

_____

Name:

Address:

Email:

Home:

Work:

Cell: **Birthday:**

Fax: **Anniversary:**

Notes:

Name:

Address:

Email:

Home:

Work:

Cell: **Birthday:**

Fax: **Anniversary:**

Notes:

Name: —————————————————————————

Address: —————————————————————————

—————————————————————————

Email: —————————————————————————

Home: —————————————————————————

Work: —————————————————————————

Cell: ————————————— Birthday: ——————————

Fax: ————————————— Anniversary: ——————

Notes: —————————————————————————

—————————————————————————

Name: —————————————————————————

Address: —————————————————————————

—————————————————————————

Email: —————————————————————————

Home: —————————————————————————

Work: —————————————————————————

Cell: ————————————— Birthday: ——————————

Fax: ————————————— Anniversary: ——————

Notes: —————————————————————————

—————————————————————————

Name:

Address:

Email:

Home:

Work:

Cell: Birthday:

Fax: Anniversary:

Notes:

Name:

Address:

Email:

Home:

Work:

Cell: Birthday:

Fax: Anniversary:

Notes:

Name: _____
Address: _____
_____

Email: _____
Home: _____
Work: _____
Cell: _____ Birthday: _____
Fax: _____ Anniversary: _____
Notes: _____
_____

Name: _____
Address: _____
_____

Email: _____
Home: _____
Work: _____
Cell: _____ Birthday: _____
Fax: _____ Anniversary: _____
Notes: _____
_____

Name:

Address:

Email:

Home:

Work:

Cell: Birthday:

Fax: Anniversary:

Notes:

Name:

Address:

Email:

Home:

Work:

Cell: Birthday:

Fax: Anniversary:

Notes:

Name:

Address:

Email:

Home:

Work:

Cell: Birthday:

Fax: Anniversary:

Notes:

Name:

Address:

Email:

Home:

Work:

Cell: Birthday:

Fax: Anniversary:

Notes:

Name:

Address:

Email:

Home:

Work:

Cell: Birthday:

Fax: Anniversary:

Notes:

Name:

Address:

Email:

Home:

Work:

Cell: Birthday:

Fax: Anniversary:

Notes:

Name: ————————————————————

Address: ————————————————

————————————————————————

Email: ————————————————————

Home: ————————————————————

Work: ————————————————————

Cell: —————————— Birthday: ——————

Fax: —————————— Anniversary: ————

Notes: ———————————————————

————————————————————————

Name: ————————————————————

Address: ————————————————

————————————————————————

Email: ————————————————————

Home: ————————————————————

Work: ————————————————————

Cell: —————————— Birthday: ——————

Fax: —————————— Anniversary: ————

Notes: ———————————————————

————————————————————————

Name:

Address:

Email:

Home:

Work:

Cell: Birthday:

Fax: Anniversary:

Notes:

Name:

Address:

Email:

Home:

Work:

Cell: Birthday:

Fax: Anniversary:

Notes:

Name: _____

Address: _____

_____

Email: _____

Home: _____

Work: _____

Cell: _____ Birthday: _____

Fax: _____ Anniversary: _____

Notes: _____

Name: _____

Address: _____

_____

Email: _____

Home: _____

Work: _____

Cell: _____ Birthday: _____

Fax: _____ Anniversary: _____

Notes: _____

Name:

Address:

Email:

Home:

Work:

Cell: Birthday:

Fax: Anniversary:

Notes:

Name:

Address:

Email:

Home:

Work:

Cell: Birthday:

Fax: Anniversary:

Notes:

Name: ―――――――――――――――――――――――――――

Address: ―――――――――――――――――――――――――――

―――――――――――――――――――――――――――――――

Email: ――――――――――――――――――――――――――――

Home: ―――――――――――――――――――――――――――

Work: ――――――――――――――――――――――――――――

Cell: ――――――――――――― Birthday: ―――――――――――

Fax: ――――――――――――― Anniversary: ――――――――――

Notes: ――――――――――――――――――――――――――――

Name: ―――――――――――――――――――――――――――

Address: ―――――――――――――――――――――――――――

―――――――――――――――――――――――――――――――

Email: ――――――――――――――――――――――――――――

Home: ―――――――――――――――――――――――――――

Work: ――――――――――――――――――――――――――――

Cell: ――――――――――――― Birthday: ―――――――――――

Fax: ――――――――――――― Anniversary: ――――――――――

Notes: ――――――――――――――――――――――――――――

Name:

Address:

Email:

Home:

Work:

Cell: Birthday:

Fax: Anniversary:

Notes:

Name:

Address:

Email:

Home:

Work:

Cell: Birthday:

Fax: Anniversary:

Notes:

Name: ———————————————

Address: —————————————

———————————————————

Email: ————————————————

Home: ————————————————

Work: ————————————————

Cell: ————————— Birthday: —————————

Fax: ————————— Anniversary: —————————

Notes: ————————————————

———————————————————

Name: ———————————————

Address: —————————————

———————————————————

Email: ————————————————

Home: ————————————————

Work: ————————————————

Cell: ————————— Birthday: —————————

Fax: ————————— Anniversary: —————————

Notes: ————————————————

———————————————————

Name: _____

Address: _____

_____

Email: _____

Home: _____

Work: _____

Cell: _____ Birthday: _____

Fax: _____ Anniversary: _____

Notes: _____

_____

Name: _____

Address: _____

_____

Email: _____

Home: _____

Work: _____

Cell: _____ Birthday: _____

Fax: _____ Anniversary: _____

Notes: _____

_____

Name: _____

Address: _____

_____

Email: _____

Home: _____

Work: _____

Cell: _____ Birthday: _____

Fax: _____ Anniversary: _____

Notes: _____

_____

Name: _____

Address: _____

_____

Email: _____

Home: _____

Work: _____

Cell: _____ Birthday: _____

Fax: _____ Anniversary: _____

Notes: _____

_____

Name:

Address:

Email:

Home:

Work:

Cell: Birthday:

Fax: Anniversary:

Notes:

Name:

Address:

Email:

Home:

Work:

Cell: Birthday:

Fax: Anniversary:

Notes:

Name:

Address:

Email:

Home:

Work:

Cell: Birthday:

Fax: Anniversary:

Notes:

Name:

Address:

Email:

Home:

Work:

Cell: Birthday:

Fax: Anniversary:

Notes:

Name: _____

Address: _____

_____

Email: _____

Home: _____

Work: _____

Cell: _____ Birthday: _____

Fax: _____ Anniversary: _____

Notes: _____

_____

Name: _____

Address: _____

_____

Email: _____

Home: _____

Work: _____

Cell: _____ Birthday: _____

Fax: _____ Anniversary: _____

Notes: _____

_____

Name: _____

Address: _____

_____

Email: _____

Home: _____

Work: _____

Cell: _____ Birthday: _____

Fax: _____ Anniversary: _____

Notes: _____

_____

Name: _____

Address: _____

_____

Email: _____

Home: _____

Work: _____

Cell: _____ Birthday: _____

Fax: _____ Anniversary: _____

Notes: _____

_____

Name: _____

Address: _____

_____

Email: _____

Home: _____

Work: _____

Cell: _____ Birthday: _____

Fax: _____ Anniversary: _____

Notes: _____

_____

Name: _____

Address: _____

_____

Email: _____

Home: _____

Work: _____

Cell: _____ Birthday: _____

Fax: _____ Anniversary: _____

Notes: _____

_____

Name:

Address:

Email:

Home:

Work:

Cell: Birthday:

Fax: Anniversary:

Notes:

Name:

Address:

Email:

Home:

Work:

Cell: Birthday:

Fax: Anniversary:

Notes:

Name: _____

Address: _____

_____

Email: _____

Home: _____

Work: _____

Cell: _____ Birthday: _____

Fax: _____ Anniversary: _____

Notes: _____

_____

Name: _____

Address: _____

_____

Email: _____

Home: _____

Work: _____

Cell: _____ Birthday: _____

Fax: _____ Anniversary: _____

Notes: _____

_____

Name:

Address:

Email:

Home:

Work:

Cell: Birthday:

Fax: Anniversary:

Notes:

Name:

Address:

Email:

Home:

Work:

Cell: Birthday:

Fax: Anniversary:

Notes:

Name:

Address:

Email:

Home:

Work:

Cell: Birthday:

Fax: Anniversary:

Notes:

Name:

Address:

Email:

Home:

Work:

Cell: Birthday:

Fax: Anniversary:

Notes:

Name:

Address:

Email:

Home:

Work:

Cell: Birthday:

Fax: Anniversary:

Notes:

Name:

Address:

Email:

Home:

Work:

Cell: Birthday:

Fax: Anniversary:

Notes:

Name:

Address:

Email:

Home:

Work:

Cell: Birthday:

Fax: Anniversary:

Notes:

Name:

Address:

Email:

Home:

Work:

Cell: Birthday:

Fax: Anniversary:

Notes:

Name:

Address:

Email:

Home:

Work:

Cell: Birthday:

Fax: Anniversary:

Notes:

Name:

Address:

Email:

Home:

Work:

Cell: Birthday:

Fax: Anniversary:

Notes:

Name:

Address:

Email:

Home:

Work:

Cell: Birthday:

Fax: Anniversary:

Notes:

Name:

Address:

Email:

Home:

Work:

Cell: Birthday:

Fax: Anniversary:

Notes:

Name:

Address:

Email:

Home:

Work:

Cell: Birthday:

Fax: Anniversary:

Notes:

Name:

Address:

Email:

Home:

Work:

Cell: Birthday:

Fax: Anniversary:

Notes:

Name:

Address:

Email:

Home:

Work:

Cell: Birthday:

Fax: Anniversary:

Notes:

Name:

Address:

Email:

Home:

Work:

Cell: Birthday:

Fax: Anniversary:

Notes:

Name: _____

Address: _____

_____

Email: _____

Home: _____

Work: _____

Cell: _____ Birthday: _____

Fax: _____ Anniversary: _____

Notes: _____

_____

Name: _____

Address: _____

_____

Email: _____

Home: _____

Work: _____

Cell: _____ Birthday: _____

Fax: _____ Anniversary: _____

Notes: _____

_____

Name: _____
Address: _____
_____

Email: _____
Home: _____
Work: _____
Cell: _____ Birthday: _____
Fax: _____ Anniversary: _____
Notes: _____
_____

Name: _____
Address: _____
_____

Email: _____
Home: _____
Work: _____
Cell: _____ Birthday: _____
Fax: _____ Anniversary: _____
Notes: _____
_____

Name: _____

Address: _____

_____

Email: _____

Home: _____

Work: _____

Cell: _____ Birthday: _____

Fax: _____ Anniversary: _____

Notes: _____

_____

Name: _____

Address: _____

_____

Email: _____

Home: _____

Work: _____

Cell: _____ Birthday: _____

Fax: _____ Anniversary: _____

Notes: _____

_____

Name: _____

Address: _____

_____

Email: _____

Home: _____

Work: _____

Cell: _____ Birthday: _____

Fax: _____ Anniversary: _____

Notes: _____

_____

Name: _____

Address: _____

_____

Email: _____

Home: _____

Work: _____

Cell: _____ Birthday: _____

Fax: _____ Anniversary: _____

Notes: _____

_____

Name:

Address:

Email:

Home:

Work:

Cell: Birthday:

Fax: Anniversary:

Notes:

Name:

Address:

Email:

Home:

Work:

Cell: Birthday:

Fax: Anniversary:

Notes:

Name: _____

Address: _____

_____

Email: _____

Home: _____

Work: _____

Cell: _____ Birthday: _____

Fax: _____ Anniversary: _____

Notes: _____

_____

Name: _____

Address: _____

_____

Email: _____

Home: _____

Work: _____

Cell: _____ Birthday: _____

Fax: _____ Anniversary: _____

Notes: _____

_____

Name: ————————————————————————————

Address: ————————————————————————

————————————————————————————————

Email: ————————————————————————————

Home: ————————————————————————————

Work: ————————————————————————————

Cell: ———————————— Birthday: —————————

Fax: ———————————— Anniversary: ——————

Notes: ————————————————————————————

————————————————————————————————

Name: ————————————————————————————

Address: ————————————————————————

————————————————————————————————

Email: ————————————————————————————

Home: ————————————————————————————

Work: ————————————————————————————

Cell: ———————————— Birthday: —————————

Fax: ———————————— Anniversary: ——————

Notes: ————————————————————————————

————————————————————————————————

Name:

Address:

Email:

Home:

Work:

Cell: Birthday:

Fax: Anniversary:

Notes:

Name:

Address:

Email:

Home:

Work:

Cell: Birthday:

Fax: Anniversary:

Notes:

Name:

Address:

Email:

Home:

Work:

Cell: Birthday:

Fax: Anniversary:

Notes:

Name:

Address:

Email:

Home:

Work:

Cell: Birthday:

Fax: Anniversary:

Notes:

Name: _____

Address: _____

_____

Email: _____

Home: _____

Work: _____

Cell: _____ Birthday: _____

Fax: _____ Anniversary: _____

Notes: _____

_____

Name: _____

Address: _____

_____

Email: _____

Home: _____

Work: _____

Cell: _____ Birthday: _____

Fax: _____ Anniversary: _____

Notes: _____

_____

Name:

Address:

Email:

Home:

Work:

Cell: Birthday:

Fax: Anniversary:

Notes:

Name:

Address:

Email:

Home:

Work:

Cell: Birthday:

Fax: Anniversary:

Notes:

Name: ————————————————————————

Address: ——————————————————————

——————————————————————————————

Email: ————————————————————————

Home: ————————————————————————

Work: ————————————————————————

Cell: ———————————— Birthday: ———————

Fax: ————————————— Anniversary: ————

Notes: ————————————————————————

——————————————————————————————

Name: ————————————————————————

Address: ——————————————————————

——————————————————————————————

Email: ————————————————————————

Home: ————————————————————————

Work: ————————————————————————

Cell: ———————————— Birthday: ———————

Fax: ————————————— Anniversary: ————

Notes: ————————————————————————

——————————————————————————————

Name:

Address:

Email:

Home:

Work:

Cell: Birthday:

Fax: Anniversary:

Notes:

Name:

Address:

Email:

Home:

Work:

Cell: Birthday:

Fax: Anniversary:

Notes:

Name: _____

Address: _____

_____

Email: _____

Home: _____

Work: _____

Cell: _____ Birthday: _____

Fax: _____ Anniversary: _____

Notes: _____

_____

Name: _____

Address: _____

_____

Email: _____

Home: _____

Work: _____

Cell: _____ Birthday: _____

Fax: _____ Anniversary: _____

Notes: _____

_____

Name: _____

Address: _____

_____

Email: _____

Home: _____

Work: _____

Cell: _____ Birthday: _____

Fax: _____ Anniversary: _____

Notes: _____

_____

Name: _____

Address: _____

_____

Email: _____

Home: _____

Work: _____

Cell: _____ Birthday: _____

Fax: _____ Anniversary: _____

Notes: _____

Name: _____

Address: _____

_____

Email: _____

Home: _____

Work: _____

Cell: _____ Birthday: _____

Fax: _____ Anniversary: _____

Notes: _____

_____

Name: _____

Address: _____

_____

Email: _____

Home: _____

Work: _____

Cell: _____ Birthday: _____

Fax: _____ Anniversary: _____

Notes: _____

Name:

Address:

Email:

Home:

Work:

Cell: Birthday:

Fax: Anniversary:

Notes:

Name:

Address:

Email:

Home:

Work:

Cell: Birthday:

Fax: Anniversary:

Notes:

Name: _____

Address: _____

_____

Email: _____

Home: _____

Work: _____

Cell: _____ Birthday: _____

Fax: _____ Anniversary: _____

Notes: _____

_____

Name: _____

Address: _____

_____

Email: _____

Home: _____

Work: _____

Cell: _____ Birthday: _____

Fax: _____ Anniversary: _____

Notes: _____

_____

Name: _____

Address: _____

_____

Email: _____

Home: _____

Work: _____

Cell: _____ Birthday: _____

Fax: _____ Anniversary: _____

Notes: _____

_____

Name: _____

Address: _____

_____

Email: _____

Home: _____

Work: _____

Cell: _____ Birthday: _____

Fax: _____ Anniversary: _____

Notes: _____

_____

Name:

Address:

Email:

Home:

Work:

Cell: Birthday:

Fax: Anniversary:

Notes:

Name:

Address:

Email:

Home:

Work:

Cell: Birthday:

Fax: Anniversary:

Notes:

Name: ————————————————————

Address: ————————————————————

————————————————————————

Email: ————————————————————

Home: ————————————————————

Work: ————————————————————

Cell: ——————————— Birthday: ——————

Fax: ——————————— Anniversary: ————

Notes: ————————————————————

————————————————————————

Name: ————————————————————

Address: ————————————————————

————————————————————————

Email: ————————————————————

Home: ————————————————————

Work: ————————————————————

Cell: ——————————— Birthday: ——————

Fax: ——————————— Anniversary: ————

Notes: ————————————————————

————————————————————————

Name:
Address:

Email:
Home:
Work:
Cell: Birthday:
Fax: Anniversary:
Notes:

Name:
Address:

Email:
Home:
Work:
Cell: Birthday:
Fax: Anniversary:
Notes:

Name:

Address:

Email:

Home:

Work:

Cell: ———————— Birthday:

Fax: ———————— Anniversary:

Notes:

Name:

Address:

Email:

Home:

Work:

Cell: ———————— Birthday:

Fax: ———————— Anniversary:

Notes:

Name:

Address:

Email:

Home:

Work:

Cell: Birthday:

Fax: Anniversary:

Notes:

Name:

Address:

Email:

Home:

Work:

Cell: Birthday:

Fax: Anniversary:

Notes:

Name:

Address:

Email:

Home:

Work:

Cell: Birthday:

Fax: Anniversary:

Notes:

Name:

Address:

Email:

Home:

Work:

Cell: Birthday:

Fax: Anniversary:

Notes:

Name:

Address:

Email:

Home:

Work:

Cell: Birthday:

Fax: Anniversary:

Notes:

Name:

Address:

Email:

Home:

Work:

Cell: Birthday:

Fax: Anniversary:

Notes:

Name:

Address:

Email:

Home:

Work:

Cell: Birthday:

Fax: Anniversary:

Notes:

Name:

Address:

Email:

Home:

Work:

Cell: Birthday:

Fax: Anniversary:

Notes:

Name: _____

Address: _____

_____

Email: _____

Home: _____

Work: _____

Cell: _____ Birthday: _____

Fax: _____ Anniversary: _____

Notes: _____

_____

Name: _____

Address: _____

_____

Email: _____

Home: _____

Work: _____

Cell: _____ Birthday: _____

Fax: _____ Anniversary: _____

Notes: _____

Name:

Address:

Email:

Home:

Work:

Cell: Birthday:

Fax: Anniversary:

Notes:

Name:

Address:

Email:

Home:

Work:

Cell: Birthday:

Fax: Anniversary:

Notes:

Name:

Address:

Email:

Home:

Work:

Cell: Birthday:

Fax: Anniversary:

Notes:

Name:

Address:

Email:

Home:

Work:

Cell: Birthday:

Fax: Anniversary:

Notes:

Name:

Address:

Email:

Home:

Work:

Cell: Birthday:

Fax: Anniversary:

Notes:

Name:

Address:

Email:

Home:

Work:

Cell: Birthday:

Fax: Anniversary:

Notes:

Name:

Address:

Email:

Home:

Work:

Cell: Birthday:

Fax: Anniversary:

Notes:

Name:

Address:

Email:

Home:

Work:

Cell: Birthday:

Fax: Anniversary:

Notes:

Name: _____

Address: _____

_____

Email: _____

Home: _____

Work: _____

Cell: _____ Birthday: _____

Fax: _____ Anniversary: _____

Notes: _____

_____

Name: _____

Address: _____

_____

Email: _____

Home: _____

Work: _____

Cell: _____ Birthday: _____

Fax: _____ Anniversary: _____

Notes: _____

Name:
Address:

Email:
Home:
Work:
Cell: Birthday:
Fax: Anniversary:
Notes:

Name:
Address:

Email:
Home:
Work:
Cell: Birthday:
Fax: Anniversary:
Notes:

Name: _____

Address: _____

_____

Email: _____

Home: _____

Work: _____

Cell: _____ Birthday: _____

Fax: _____ Anniversary: _____

Notes: _____

_____

Name: _____

Address: _____

_____

Email: _____

Home: _____

Work: _____

Cell: _____ Birthday: _____

Fax: _____ Anniversary: _____

Notes: _____

_____

Name: _____

Address: _____

_____

Email: _____

Home: _____

Work: _____

Cell: _____ Birthday: _____

Fax: _____ Anniversary: _____

Notes: _____

_____

Name: _____

Address: _____

_____

Email: _____

Home: _____

Work: _____

Cell: _____ Birthday: _____

Fax: _____ Anniversary: _____

Notes: _____

_____

Name: _____

Address: _____

_____

Email: _____

Home: _____

Work: _____

Cell: _____ Birthday: _____

Fax: _____ Anniversary: _____

Notes: _____

_____

Name: _____

Address: _____

_____

Email: _____

Home: _____

Work: _____

Cell: _____ Birthday: _____

Fax: _____ Anniversary: _____

Notes: _____

_____

Name:

Address:

Email:

Home:

Work:

Cell: Birthday:

Fax: Anniversary:

Notes:

Name:

Address:

Email:

Home:

Work:

Cell: Birthday:

Fax: Anniversary:

Notes:

Name: _____

Address: _____

_____

Email: _____

Home: _____

Work: _____

Cell: _____ Birthday: _____

Fax: _____ Anniversary: _____

Notes: _____

_____

Name: _____

Address: _____

_____

Email: _____

Home: _____

Work: _____

Cell: _____ Birthday: _____

Fax: _____ Anniversary: _____

Notes: _____

_____

Name:

Address:

Email:

Home:

Work:

Cell: Birthday:

Fax: Anniversary:

Notes:

Name:

Address:

Email:

Home:

Work:

Cell: Birthday:

Fax: Anniversary:

Notes:

Name: _____

Address: _____

_____

Email: _____

Home: _____

Work: _____

Cell: _____ Birthday: _____

Fax: _____ Anniversary: _____

Notes: _____

_____

Name: _____

Address: _____

_____

Email: _____

Home: _____

Work: _____

Cell: _____ Birthday: _____

Fax: _____ Anniversary: _____

Notes: _____

_____

Name:

Address:

Email:

Home:

Work:

Cell: Birthday:

Fax: Anniversary:

Notes:

Name:

Address:

Email:

Home:

Work:

Cell: Birthday:

Fax: Anniversary:

Notes:

Name:———————————————————————————

Address:—————————————————————————

—————————————————————————————————

Email:———————————————————————————

Home:———————————————————————————

Work:———————————————————————————

Cell: —————————————— Birthday: ————————

Fax: —————————————— Anniversary: ————————

Notes: ————————————————————————————

—————————————————————————————————

Name:———————————————————————————

Address:—————————————————————————

—————————————————————————————————

Email:———————————————————————————

Home:———————————————————————————

Work:———————————————————————————

Cell: —————————————— Birthday: ————————

Fax: —————————————— Anniversary: ————————

Notes: ————————————————————————————

—————————————————————————————————

Name:

Address:

Email:

Home:

Work:

Cell: Birthday:

Fax: Anniversary:

Notes:

Name:

Address:

Email:

Home:

Work:

Cell: Birthday:

Fax: Anniversary:

Notes:

Name:

Address:

Email:

Home:

Work:

Cell: Birthday:

Fax: Anniversary:

Notes:

Name:

Address:

Email:

Home:

Work:

Cell: Birthday:

Fax: Anniversary:

Notes:

Name:

Address:

Email:

Home:

Work:

Cell: Birthday:

Fax: Anniversary:

Notes:

Name:

Address:

Email:

Home:

Work:

Cell: Birthday:

Fax: Anniversary:

Notes:

Name:

Address:

Email:

Home:

Work:

Cell: Birthday:

Fax: Anniversary:

Notes:

Name:

Address:

Email:

Home:

Work:

Cell: Birthday:

Fax: Anniversary:

Notes:

Name:

Address:

Email:

Home:

Work:

Cell: Birthday:

Fax: Anniversary:

Notes:

Name:

Address:

Email:

Home:

Work:

Cell: Birthday:

Fax: Anniversary:

Notes:

Name:

Address:

Email:

Home:

Work:

Cell: Birthday:

Fax: Anniversary:

Notes:

Name:

Address:

Email:

Home:

Work:

Cell: Birthday:

Fax: Anniversary:

Notes:

Name: _____

Address: _____

_____

Email: _____

Home: _____

Work: _____

Cell: _____ Birthday: _____

Fax: _____ Anniversary: _____

Notes: _____

_____

Name: _____

Address: _____

_____

Email: _____

Home: _____

Work: _____

Cell: _____ Birthday: _____

Fax: _____ Anniversary: _____

Notes: _____

_____

Name: _____

Address: _____

_____

Email: _____

Home: _____

Work: _____

Cell: _____ Birthday: _____

Fax: _____ Anniversary: _____

Notes: _____

Name: _____

Address: _____

_____

Email: _____

Home: _____

Work: _____

Cell: _____ Birthday: _____

Fax: _____ Anniversary: _____

Notes: _____

Name:

Address:

Email:

Home:

Work:

Cell: Birthday:

Fax: Anniversary:

Notes:

Name:

Address:

Email:

Home:

Work:

Cell: Birthday:

Fax: Anniversary:

Notes:

Name:

Address:

Email:

Home:

Work:

Cell: Birthday:

Fax: Anniversary:

Notes:

Name:

Address:

Email:

Home:

Work:

Cell: Birthday:

Fax: Anniversary:

Notes:

Name:

Address:

Email:

Home:

Work:

Cell: Birthday:

Fax: Anniversary:

Notes:

Name:

Address:

Email:

Home:

Work:

Cell: Birthday:

Fax: Anniversary:

Notes:

Name:

Address:

Email:

Home:

Work:

Cell: Birthday:

Fax: Anniversary:

Notes:

Name:

Address:

Email:

Home:

Work:

Cell: Birthday:

Fax: Anniversary:

Notes:

Name:

Address:

Email:

Home:

Work:

Cell: Birthday:

Fax: Anniversary:

Notes:

Name:

Address:

Email:

Home:

Work:

Cell: Birthday:

Fax: Anniversary:

Notes:

Name: _____

Address: _____

_____

Email: _____

Home: _____

Work: _____

Cell: _____ Birthday: _____

Fax: _____ Anniversary: _____

Notes: _____

_____

Name: _____

Address: _____

_____

Email: _____

Home: _____

Work: _____

Cell: _____ Birthday: _____

Fax: _____ Anniversary: _____

Notes: _____

_____

Name:

Address:

Email:

Home:

Work:

Cell: Birthday:

Fax: Anniversary:

Notes:

Name:

Address:

Email:

Home:

Work:

Cell: Birthday:

Fax: Anniversary:

Notes:

Name:

Address:

Email:

Home:

Work:

Cell: Birthday:

Fax: Anniversary:

Notes:

Name:

Address:

Email:

Home:

Work:

Cell: Birthday:

Fax: Anniversary:

Notes:

Name: _____

Address: _____

_____

Email: _____

Home: _____

Work: _____

Cell: _____ Birthday: _____

Fax: _____ Anniversary: _____

Notes: _____

_____

Name: _____

Address: _____

_____

Email: _____

Home: _____

Work: _____

Cell: _____ Birthday: _____

Fax: _____ Anniversary: _____

Notes: _____

_____

Name:

Address:

Email:

Home:

Work:

Cell: Birthday:

Fax: Anniversary:

Notes:

Name:

Address:

Email:

Home:

Work:

Cell: Birthday:

Fax: Anniversary:

Notes:

Name: _____

Address: _____

_____

Email: _____

Home: _____

Work: _____

Cell: _____   Birthday: _____

Fax: _____   Anniversary: _____

Notes: _____

_____

Name: _____

Address: _____

_____

Email: _____

Home: _____

Work: _____

Cell: _____   Birthday: _____

Fax: _____   Anniversary: _____

Notes: _____

Name:

Address:

Email:

Home:

Work:

Cell: Birthday:

Fax: Anniversary:

Notes:

Name:

Address:

Email:

Home:

Work:

Cell: Birthday:

Fax: Anniversary:

Notes:

Name:

Address:

Email:

Home:

Work:

Cell: Birthday:

Fax: Anniversary:

Notes:

Name:

Address:

Email:

Home:

Work:

Cell: Birthday:

Fax: Anniversary:

Notes:

Name:

Address:

Email:

Home:

Work:

Cell: Birthday:

Fax: Anniversary:

Notes:

Name:

Address:

Email:

Home:

Work:

Cell: Birthday:

Fax: Anniversary:

Notes:

Name:

Address:

Email:

Home:

Work:

Cell: Birthday:

Fax: Anniversary:

Notes:

Name:

Address:

Email:

Home:

Work:

Cell: Birthday:

Fax: Anniversary:

Notes:

Name:

Address:

Email:

Home:

Work:

Cell: Birthday:

Fax: Anniversary:

Notes:

Name:

Address:

Email:

Home:

Work:

Cell: Birthday:

Fax: Anniversary:

Notes:

Name: _____

Address: _____

_____

Email: _____

Home: _____

Work: _____

Cell: _____ Birthday: _____

Fax: _____ Anniversary: _____

Notes: _____

_____

Name: _____

Address: _____

_____

Email: _____

Home: _____

Work: _____

Cell: _____ Birthday: _____

Fax: _____ Anniversary: _____

Notes: _____

_____

Name:

Address:

Email:

Home:

Work:

Cell: Birthday:

Fax: Anniversary:

Notes:

Name:

Address:

Email:

Home:

Work:

Cell: Birthday:

Fax: Anniversary:

Notes:

Name:

Address:

Email:

Home:

Work:

Cell: _____ Birthday:

Fax: _____ Anniversary:

Notes:

Name:

Address:

Email:

Home:

Work:

Cell: _____ Birthday:

Fax: _____ Anniversary:

Notes:

Name:

Address:

Email:

Home:

Work:

Cell: Birthday:

Fax: Anniversary:

Notes:

Name:

Address:

Email:

Home:

Work:

Cell: Birthday:

Fax: Anniversary:

Notes:

Notes/Ideas

Notes/Ideas

Notes/Ideas

Notes/Ideas

Notes/Ideas

I will be immensely grateful if you post a Reader Review on the book's product page at the online bookstore where you purchased it.

Honest reviews help people find the right book for their needs.

Made in the USA
Las Vegas, NV
04 December 2023

82066728R00075